schönstes Foto

Name _____

Wünsche

schönstes Foto

schönstes Foto

schönstes Foto

schönstes Foto

Name _____

Wünsche

_____
_____
_____
_____
_____
_____

schönstes Foto

Name _____

Wünsche

_____
_____
_____
_____
_____
_____

schönstes Foto

Name _____

Wünsche

_____
_____
_____
_____
_____
_____

schönstes Foto

Name _____

Wünsche

_____
_____
_____
_____
_____
_____

schönstes Foto

Name _____

Wünsche

_____
_____
_____
_____
_____

schönstes Foto

Name _____

Wünsche

_____
_____
_____
_____
_____

schönstes Foto

Name _____

Wünsche

schönstes Foto

Name _____

Wünsche

_____
_____
_____
_____
_____
_____

schönstes Foto

Name _____

Wünsche

_____
_____
_____
_____
_____
_____

schönstes Foto

Name _____

Wünsche

_____

_____

_____

_____

_____

_____

schönstes Foto

Name _____

Wünsche

_____
_____
_____
_____
_____
_____

schönstes Foto

Name _____

Wünsche

_____
_____
_____
_____
_____
_____

schönstes Foto

Name _____

Wünsche

_____
_____
_____
_____
_____
_____

schönstes Foto

Name _____

Wünsche

_____
_____
_____
_____
_____
_____

schönstes Foto

Name _____

Wünsche

_____
_____
_____
_____
_____
_____

schönstes Foto

Name _____

Wünsche

_____
_____
_____
_____
_____
_____

schönstes Foto

Name _____

Wünsche

_____
_____
_____
_____
_____
_____

schönstes Foto

Name _____

Wünsche

_____
_____
_____
_____
_____
_____

schönstes Foto

Name _____

Wünsche

_____
_____
_____
_____
_____
_____

schönstes Foto

Name _____

Wünsche

_____
_____
_____
_____
_____
_____

schönstes Foto

Name _____

Wünsche

_____
_____
_____
_____
_____
_____

schönstes Foto

Name _____

Wünsche

_____
_____
_____
_____
_____
_____

schönstes Foto

Impressum
Alle Rechte vorbehalten.
Copyright Christian Simon
Leitergasse 3
06108 Halle
Mail: c.simon.1986@gmx.de

Printed in Poland
by Amazon Fulfillment
Poland Sp. z o.o., Wrocław